ຂ້ອຍຮຽນດ້ວຍຕົນເອງ

ໂດຍ ສິວັນຄຳ ພິມມະສຸລິນ
ຮູບໂດຍ ໂຈວານ ກາລ ເຊກູລາ

Library For All Ltd.

ຂ້ອຍຮຽນດ້ວຍຕົນເອງ

ພິມຄັ້ງທຳອິດ 2022

ຈັດພິມໂດຍ: ຫ້ອງການ Library For All
ອີເມວ: info@libraryforall.org
URL: libraryforall.org

ຮູບແຕ້ມຕົ້ນສະບັບໂດຍ ໂຈອານ ການ ເຊກູລາ

ຂ້ອຍຮຽນດ້ວຍຕົນເອງ
ສີວັນຄຳ ພິມມະສຸລິນ

ISBN: 978-9932-14-017-6
SKU02469

ຂ້ອຍຮຽນດ້ວຍຕົນເອງ

ຂ້ອຍຊື່ ບິບ້າ.
ຂ້ອຍປາກເກັ່ງ ພາສາອັງກິດ.

ຂ້ອຍປາກອ່ານ ພາສາອັງກິດ ໄດ້.

ຂ້ອຍພະຍາຍາມອ່ານ
ພາສາອັງກິດ.
ຂ້ອຍອ່ານປຶ້ມ ຫຼາຍໆເລື່ອງໆ.

ຂ້ອຍປາກຂຽນ ພາສາອັງກິດ ໄດ້.

ຂ້ອຍພະຍາຍາມຂຽນ ພາສາອັງກິດ.
ຂ້ອຍຂຽນແລ້ວ ຂຽນອີກ.

ຂ້ອຍປາກຟັງ ພາສາອັງກິດ ໄດ້.

ຂ້ອຍພະຍາຍາມຟັງ ພາສາອັງກິດ.
ຂ້ອຍຟັງເພງ,
ເບິ່ງຮູບເງົາຕ່າງໆປະເທດ.

ຂ້ອຍຢາກເວົ້າ ພາສາອັງກິດ ໄດ້.

ຂ້ອຍພະຍາຍາມເວົ້າ ພາສາອັງກິດ.
ຂ້ອຍເວົ້າພາສາອັງກິດ
ກັບຄົນອື່ນທຸກໆມື້.

ຂ້ອຍຂຸ້ບິບ້າ.
ຕອນນີ້ຂ້ອຍສາມາດອ່ານ, ຂຽນ, ຟັງ
ແລະ ເວົ້າພາສາອັງກິດໄດ້.

ຂ້ອຍຮຽນດ້ວຍຕິບເອງ,
ຂ້ອຍພະຍາຍາມ ຈົບສຳເລັດ.

ຂໍ້ມູນທາງບັນນາບຸກົມຂອງຫໍສະໝຸດແຫ່ງຊາດ

ສີວັນຄຳ ພິມມະສຸລິນ
ຂ້ອຍຮຽນດ້ວຍຕົນເອງ / ໂດຍ ສີວັນຄຳ ພິມມະສຸລິນ.
-- ວຽງຈັນ: ປື້ມອ່ານ, 2022
18 ໜ້າ : ພາບປະກອບສີ ; 26 ຊມ
1. ວັນນະກຳສຳລັບເດັກ
I. ຊື່ເລື່ອງ
808.068 -- dc21
ເລກທະບຽນພິມຈຳໜ່າຍ: 058 / ອພຈ07052027
ISBN 978-9932-14-017-6

ເຈົ້າສາມາດໃຊ້ຄຳຖາມຖັ່ວລຸ່ມນີ້ເພື່ອ ສິບທະບາກ່ຽວກັບເລື່ອງທີ່ອ່ານກັບ ຄອບຄົວ, ໝູ່ ແລະ ຄູອາຈານ.

ເຈົ້າໄດ້ຮຽນຮູ້ຫຍັງຈາກເລື່ອງນີ້?

ຈົ່ງອະທິບາຍເລື່ອງນີ້ ໂດຍໃຊ້ຄຳບັບຍາຍ 1ຄຳ. ຕະຫຼົກ? ຢ້ານ? ມິສິສັນ? ໜ້າສົນໃຈ?

ເມື່ອອ່ານຈົບແລ້ວ, ເລື່ອງນີ້ໃຫ້ຄວາມຮູ້ສຶກຫຍັງແດ່?

ໃນເລື່ອງນີ້, ເຈົ້າມັກສິ່ງໃດຫຼາຍທີ່ສຸດ?

ກ່ຽວກັບຜູ້ປະກອບສ່ວນ

ສິ່ວັນຄຳ ພິມມະສຸລິນເປັນຄົນລາວ, ອາໄສຢູ່ນະຄອນຫຼວງວຽງຈັນ. ໃນຊຸ່ວງທີ່ເປັນນັກສຶກສາ, ເພິ່ນມັກເຂົ້າຮ່ວມກິດຈະກຳເຝິກອົບຮົມຕ່າງໆ ແລະ ໄດ້ເປັນອາສາສະໝັກແປບົດນິທານສຳລັບເດັກ. ພ້ອມນັ້ນເພິ່ນມັກອ່ານ ປຶ້ມຫຼາຍໆປະເພດທີ່ແຕກຕ່າງກັນ ແລະ ໄດ້ຮຽນຮູ້ຫຼາຍຢ່າງຈາກການອ່ານ. ການອ່ານເປັນສິ່ງທີ່ສຳຄັນ ແລະ ໃຫ້ປະໂຫຍດ, ສິ່ວັນຄຳ ຈຶ່ງຢາກແບ່ ງປັນເລື່ອງລາວຈາກປະສົບການຈິງຜ່ານບົດນິທານສັ້ນ. ເພິ່ນມິຄວາມ ສົນໃຈໃນດ້ານການເຂົ້າເຖິງການສຶກສາທີ່ມີຄຸນນະພາບສຳລັບເດັກ, ບັນຫາຄວາມເທົ່າທຽມກັບໃນສັງຄົມ ແລະ ບັນຫາສັງຄົມອື່ນໆ.

ປຶ້ມທໍ້ວນນີ້ມ່ອບບໍ່?

ພວກເຮົາມີປຶ້ມຫຼາຍຮ້ອຍຫົວໃຫ້ເລືອກອ່ານ.

ພວກເຮົາຮ່ວມມືກັບນັກຽນ, ຜູ່ງຊານດ້ານການສຶກສາ, ທ່ົປຶກສາທາງດ້ານວັດທະນະບ, ລັດຖະບານ ແລະ ອົງກອນທ່ີບໍ່ຂຶ້ນກັບລັດຖະບານ ເພື່ອນຳຄວາມເພີດເພີນ ໃນການ ອ່ານໃຫ້ກັບເດັກນ້ອຍທົ່ວທຸກແຫ່ງ.

ຮູ້ບໍ່?

ພວກເຮົາສ້າງການປ່ຽນແປງທ່ີດີໃນຊົງເຂດນີ້ ໂດຍປະຕິບັດ ເປົ້າໝາຍ ການພັດທະນາແບບຍືນຍົງຂອງສະຫະປະຊາຊາດ.

librraryforall.org